RECETAS DE POSTRES SUGAR FREE

JENNIFER CARDONA

INTRODUCCIÓN

Una dieta sana y equilibrada no implica suprimir el placer de los postres y meriendas. La alimentación se debe basar en un consumo racional de los alimentos, es decir, en comer de todo equilibradamente, porque todos son necesarios para conseguir el nivel suficiente de nutrientes.

Saber más sobre la dieta equilibrada y qué componentes tiene, nos ayudará a identificar si a diario tomamos los alimentos apropiados para nuestra salud. Este libro está designado para que puedas darte un gustito adecuadamente sin remordimientos.

Espero que le encanten las recetas. ¡Éxito!

Con amor,

Jennifer

Para invitaciones o pedidos de libros: sweetandfittemptation@gmail.com

Edición: Amneris Meléndez
a.melendezdiaz@gmail.com
Foto: Daniel Figueroa y Ana Delia Iturrondo
Diseño de portada: Prophesy Desing

ISBN: 9781095767658

Sweet AND FIT TEMPTATION

GLUTEN FREE BANANA CHOCOLATE CHIPS MUFFIN

Ingredientes

- 2 bananas enteras
- 2 huevos
- 1 taza peanut butter
- ½ taza chocolate chips sugar free
- 2 cucharaditas vainilla
- 2 cucharadas de miel (opcional)
- ½ cucharadita baking powder

Elaboración

En una licuadora poner las bananas y licuarlas. Debes mezclar todos los ingredientes líquidos en un recipiente aparte.
Luego debes mezclar los ingredientes secos y las bananas.
Precalentar el horno a 350 grados. Poner la mezcla en un molde para muffins y por encima, como decoración, poner los chocolates a gusto.
Tiempo de cocción: aproximadamente 16 a 18 minutos, dependiendo del horno.

GALLETAS DE AVENA

Ingredientes

- 1 cucharadita de polvo para hornear
- 1 cucharadita de vainilla
- 2 cucharadas de aceite de coco
- Canela a gusto
- 1 ½ tazas azúcar de su preferencia o extracto de stevia
- 1/3 taza de leche baja en grasa o sin azúcar
- 1 1/3 taza de avena en hojuelas
- 2 huevos enteros
- 1 clara
- 1/3 taza harina de avena molida

Elaboración

Mezclar todos los ingredientes, poco a poco, hasta crear la masa. Luego hacer bolitas del tamaño de tu preferencia. Puedes utilizar un utensilio para servir las bolas de helado, así tomarás siempre la misma cantidad de masa para las galletas. Si queda muy pegajosa, puedes añadir más harina de avena.

Si deseas puedes agregar a la masa chocolate chips.

Coloca la masa en la bandeja y deja espacio entre cada galleta.

Cuando las pongas en el molde puedes aplastarlas (utiliza un tenedor para darle la forma que desees).
Poner en el horno a 375 grados durante 10 a 12 minutos hasta que estén doraditas.

GALLETAS CON HARINA DE ALMENDRAS Y CHOCOLATE CHIPS

Ingredientes

- 3 tazas de harina de almendras
- 1 pizca de sal (opcional)
- 2 claras de huevo
- 1 huevo entero
- ¼ taza de maple syrup (opcional)
- 1 cucharadita de polvo para hornear
- Canela a gusto
- ¼ taza de aceite de coco
- 1 cucharadita vainilla
- Almendras enteras para decorar

Elaboración

Mezclar todos los ingredientes en un envase, preferiblemente todo lo líquido primero y luego los demás ingredientes.

Debes obtener una masa espesa y pegajosa. Hacer bolas y poner en un recipiente para hornear. Puedes hacerle un diseño con un tenedor y adornar cada galleta con almendras por encima. Precalentar el horno a 375 grados y hornear durante 10 a 12 minutos, dependiendo del horno. Enfriar y disfrutar.

COCONUT ENERGY BAR

Ingredientes

- 1 banana
- ¼ taza de peanut butter o almond butter
- 1 cucharada vainilla
- 2 cucharadas chocolate chips o cranberrys
- ½ taza de coconut flakes
- ½ taza de harina de coco
- ¼ taza maple syrup (sugar free)

Elaboración

Primero debes derretir la mantequilla de maní (peanut butter o almond butter). Luego, mezcla en un recipiente todos los ingredientes líquidos y, poco a poco, añade y mezcla los ingredientes secos.

Luego de tener todo mezclado, debes hacer bolitas del tamaño que desees. Deja enfriar en nevera durante 10 a 12 minutos para crear una mejor consistencia y listo.

BROWNIE PROTEIN BITES

Ingredientes

- 1 taza de avena en hojuelas
- 1 scoop de batida de chocolate
- 2 cucharadas de cocoa sin azúcar
- 1 taza de almond butter o peanut butter derretida
- 1 cucharadita de vainilla
- 1 taza de azúcar de tu preferencia (preferiblemente de dieta)
- ¼ taza de leche de almendra sin azúcar

Elaboración

Cuando mezcles todos los ingredientes comienza a hacer bolitas del tamaño de tu preferencia, le puedes añadir chocolate chips o almendras para darle un toque diferente y sabroso.

Si vez que la masa queda muy blanda puedes echarle más avena o azúcar en polvo.

Poner en la nevera durante 10 minutos para darle una consistencia más firme.

BOLITAS DE CHOCOLATE CHIPS CON PEANUT BUTTER

Ingredientes

- 2 ½ tazas de mantequilla de maní
- 2 tazas de azúcar de dieta de tu preferencia
- 1 a 2 cucharadas de cocoa en polvo sin azúcar
- 2 ½ tazas de avena en hojuelas
- 1 taza de chocolate chips (sugar free)
- ¼ taza de mantequilla baja en grasa o maple syrup

Elaboración

En un recipiente derrite la mantequilla de maní, espera 5 a 10 minutos para que se enfríe un poco la mantequilla de maní. Luego mezclar la azúcar, la mantequilla de maní y la cocoa, debes ir remo-viendo, poco a poco. A veces es mucho mas fácil remover todo con las manos, pero si no te gusta ensuciarte las manos puedes removerlo con una cuchara. Luego mezcla la mantequilla y la avena. Cuando esté todo mezclado, haces bolitas del tamaño de tu preferencia y pones en un recipiente. Deja enfriar en la nevera durante 10 minutos y … ¡Listos para comer!

BIZCOCHO DE ZANAHORIA CON FROSTING DE CREAM CHEESE

Ingredientes

- ½ taza aceite de coco
- 1½ tazas azúcar de tu preferencia
- 3 huevos
- 1 cucharadita de vainilla
- 2 tazas de harina de almendra o avena
- ½ taza de leche de almendras
- 2 cucharaditas de polvo de hornear
- ½ taza de nueces trituradas
- 1 cucharadita de canela
- ½ cucharadita de nuez moscada
- 2 tazas de zanahorias ralladas
- ½ cucharadita de clavos de olor en polvo
- 1 cucharada de jengibre

Frosting

8oz de queso crema
½ taza mantequilla baja en grasa
1 taza de azúcar de tu preferencia
1 cucharadita de vainilla
Mezclarlo todo en una licuadora

Elaboración

En un recipiente poner todos los ingredientes líquidos, poco a poco. Luego añadir la harina de avena o almendra, el polvo de hornear, la nuez moscada, las nueces trituradas, los clavos y el jengibre. Remover todo y luego en un envase para bizcocho poner la mezcla. Precalentar el horno a 350 grados. Poner bizcocho por un aproximado de 25 a 30 minutos, dependiendo el horno.

Con un cuchillo puedes verificar en el centro del bizcocho, si sale limpio es que ya está terminado, sino déjalo por más tiempo.

Luego de hornearlo, debes dejarlo enfriar durante 20 minutos. Aplica el frosting de cream cheese y ya está listo para servir.

BARRAS DE PROTEÍNAS

Ingredientes

- 2 tazas de avena
- 2 scoop de proteína
- 1 taza de mantequilla de maní
- ¼ de taza de leche de almendras sin azúcar
- Almendras y nueces si deseas

Elaboración

Mezcla en un recipiente todos los ingredientes y luego crea una masa con una consistencia firme. Vacía la masa en un recipiente pequeño y uniforme. Poner en la nevera durante 30 a 45 minutos para que cree una consistencia más dura, si desea puede añadir syrup de chocolate o caramelo para decorar. Puede cortar la masa para crear la forma de barritas.

ALMOND PROTEIN BITES

Ingredientes

- 2 tazas de avena
- 2/3 taza almond butter
- ¼ taza maple syrup o azúcar de tu preferencia
- ½ taza chocolate chips sugar free
- Vainilla
- Canela
- ½ taza de almendras

Elaboración

Mezclar todos los ingredientes en un envase. Puedes utilizar una cuchara de mantecados para obtener el mismo tamaño en todas las bolitas, pero puedes hacerlas del tamaño que desees. Poner en nevera durante 15 minutos para mejorar consistencia.

Sweet AND
FIT
TEMPTATION

CHOCOLATE SUGAR FREE

Ingredientes

- 1 bolsa de chocolate chips (sugar free)
- ¼ taza de aceite de coco
- ¼ taza de mantequilla baja en grasa (puede ser en aerosol)
- 1 cubeta de hielo
- Selecciona los sabores que más te gusten para rellenar el interior de los chocolates
  (Mantequilla de maní, fresas, almendras, coco, etc.)

Elaboración

Derrite los "chocolate chips" en baño de María. Luego en la cubeta de hielo pones una cucharadita de chocolate solo para cubrir el fondo (no llenar el espacio completo). Luego aplica en el medio de cada espacio los sabores que desees: almendras, coco, mantequilla de maní, fresas. Ya terminado, vuelves y aplicas en cada

encasillado de las cubetas chocolate por encima.

Poner en el congelador durante 30 a 45 minutos, luego lo sacas de la cubeta y...

¡a disfrutar!

CHOCOLATE REESE'S

Ingredientes

- ½ taza mantequilla de maní
- 1 scoop de proteína en polvo de chocolate
- 4½ cucharadas de cocoa powder
- 2 cucharadas de aceite de coco
- 8 gotas de stevia líquida
- 2 sobres de stevia
- 6 baking cups

Elaboración

Derretir la mantequilla de maní y mezclar la proteína con los dos sobres de stevia. Luego pones la mantequilla de maní en los "baking cups" (que solo cubra el fondo) y los llevas al congelador durante 20 -25 minutos.

Después, en otro recipiente, mezcla el aceite de coco, la stevia líquida y la cocoa. Luego de que la mantequilla de maní esté congelada, añades el chocolate encima y lo vuelves a poner en el congelador. Ya cuando estén duritos los remueves de los "baking cups" y ya están listos para comer.

ALMOND CHOCOLATE CHIPS COOKIES

Ingredientes

- 3 tazas de harina de almendra
- ½ cucharadita de sal (opcional)
- 1 huevo entero
- 2 claras de huevo
- 1 cucharadita vainilla
- 1 taza de chocolate chips
- ¼ taza aceite de coco

Elaboración

Mezclar todos los ingredientes, poco a poco, y hacer bolitas del tamaño que desees, ponerlas en una bandeja con un "baking sheet" para evitar que se peguen.

Aplastarlas con un tenedor para darle forma. Poner en el horno a 375 grados, durante 12 a 15 minutos.

PROTEIN CHEESECAKE BITES

Ingredientes

- 8oz queso crema (debe estar bien frío para crear consistencia)
- 1 cucharadita de vainilla
- 2 scoops de batida de proteína de vainilla (Quest Nutrition unflavored preferiblemente)
- 2/3 tazas de endulzante sin azúcar
- 1 sobre pequeño azúcar negra (opcional)
- 1 cucharada de mantequilla fat free
- 2 cucharadas de chocolate chips sugar free (opcional para decorar)
- 1 servicio de galletas sugar free (para decorar)
- ¼ taza de harina de almendra o avena (para las manos)

Elaboración

Mezclar todos los ingredientes, poco a poco, menos la harina de avena o almendra. Puedes

añadirle chocolate chips o almendras si deseas. Poner en un envase aparte ¼ taza de harina de almendra, poner un poco en tus manos para hacer las bolitas de una manera más fácil y que no se te peguen. En una licuadora poner las galletas hasta que queden molidas. Luego de hacer las bolitas, esparcir por encima las galletas. Dejar en el congelador durante 10 a 15 minutos para crear mejor consistencia.

PROTEIN BROWNIE PEANUT BUTTER CUP

Ingredientes

- 1 taza de harina de almendras
- 1 cucharadita de vainilla
- ¼ taza de cocoa en polvo
- 1 cucharada de agua
- ¼ taza de mantequilla baja en grasa
- 4 huevos enteros
- 3/4 taza azúcar de tu preferencia
- 1/3 taza de mantequilla de maní para decorar
- 1 cucharadita de polvo de hornear
- Almendras para decorar (opcional)

Elaboración

Mezclar todos los ingredientes en un envase y ponerlos en los "baking cups" utilizando molde para muffins. Poner en el horno a 350 grados, durante 20 a 22 min.

Luego derretir 1/3 de taza de mantequilla de maní. Hacerle un rotito en el centro a los muffins y verter la mantequilla de maní.

Opcional le puedes añadir chocolate chips o almendras para decorarlos.

PEANUT BUTTER COOKIES

Ingredientes

- 1 taza de harina de almendra
- 1 taza de avena en hojuelas
- ½ cucharadita baking soda opcional
- ½ cucharadita baking powder
- ½ taza de mantequilla baja en grasa
- ½ taza de peanut butter
- 1 taza azúcar
- 1 cucharada vainilla
- Canela (opcional)
- Chocolate chips a gusto

Elaboración

Mezclar todos los ingredientes, poco a poco. Hacer pequeñas bolitas y aplastarlas con un tenedor para darle forma.

Poner en el horno a 375 grados, durante 10 a 12 minutos.

PAN DE GUINEO (BANANA)

Ingredientes

- 3 huevos
- 1 cucharada de vinagre de manzana
- 3 bananas machacadas
- ¼ taza de aceite de coco
- ¼ taza de miel de abeja
- 1 cucharita de extracto de vainilla
- 3 tazas de harina de almendras
- 1 cucharadita de canela
- 2 cucharaditas de polvo para hornear
- ½ cucharada de nuez moscada molida
- ½ cucharadita sal (si deseas)

Elaboración

Precalienta el horno a 350 grados, engrasa un molde con aceite en aerosol. Mezcla los huevos y el vinagre en un tazón; agrega las bananas, la miel, el aceite de coco y la vainilla. Revuelva hasta integrar perfectamente todos los ingredientes.

Mezcla la harina de almendras junto con la canela, polvo para hornear, nuez y sal en un recipiente grande. Agrega los ingredientes líquidos y mezcla hasta tener una masa

uniforme. Vierta la masa dentro del molde y hornea durante 40 a 50 minutos o hasta insertar un cuchillo en el centro y este salga limpio. Deja el pan en el molde 10 minutos, luego puede desmoldar.

CHOCOLATE MUG CAKE SUGAR FREE

Ingredientes

- 1 taza
- 1 huevo entero
- 1 cucharada de leche
- 2 cucharadas de avena
- 2 o 3 cucharadas de cococa sugar free (a tu gusto)
- 1 cucharada de mantequilla baja en grasa
- 3 sobres de stevia o azúcar de tu preferencia.
- chocolate chips, syrup de chocolate y whip cream al final si deseas.
- Puedes hecharle 1 scoop de proteína si lo prefieres o un poco más.

Elaboración

En la taza de café mezcla todos los ingredientes, poco a poco.
Luego poner en el microhondas por 1 minuto.
Puedes añadirle syrup de chocolate o whip cream.

MUFFIN DE AVENA

Ingredientes

- 2 tazas de avena
- 4 claras de huevo
- 2 huevos enteros
- 1 manzana roja o verde en trozos opcional
- 1 cucharadita canela en polvo
- 1 cucharadita polvo de hornear
- 1/3 taza leche de almendra sin azúcar
- ¼ taza mantequilla baja en grasa
- 1 taza de azúcar de preferencia (sugar free)

Elaboración

En un envase, bate los huevos, con canela, azúcar, leche y mantequilla.

Agregar la harina de avena y el polvo para hornear.

Verter la mezcla en molde de muffins y decorar con canela y azúcar. Ponerlos en el horno precalentado a 350 grados, durante 25 minutos.

MUFFIN DE CALABAZA

Ingredientes

- 2 tazas de harina de almendra
- 6 cucharaditas de mantequilla sin sal
- 2 cucharaditas de polvo para hornear
- 2 huevos
- 1 cucharadita de canela
- Una pizca de jengibre
- 1 taza de puré de calabaza
- 1/3 taza de azúcar morena
- ½ cucharadita de vainilla
- ½ cucharadita de sal
- Una pizca de nuez moscada
- 2 barras de queso crema de 8oz

Elaboración

Precalentar el horno a 350 grados. Prepara un molde y engrásalo con mantequilla (puede ser en aerosol). Comienza mezclando los ingredientes secos.

Luego, en otro recipiente, mezcla la mantequilla con el azúcar durante 1 o 2 minutos y luego añade los huevos, el puré de calabaza

y la vainilla. Incorpora los ingredientes líquidos a los sólidos. Hornear durante 20 minutos y luego déjalos enfriar. Haz un frosting con queso crema, azúcar y mantequilla, lo bates hasta que todo esté bien mezclado; refrigera y con eso decora los muffins (opcional).

MANTECADO DE MANTEQUILLA DE MANÍ

Ingredientes

- 3 bananas (congeladas)
- ½ taza de mantequilla de maní
- ½ taza de yogurt greek
- 1 cucharada de vainilla
- Chocolate chips al gusto (sugar free)
- Azúcar opcional (sugar free)
- Canela al gusto

Elaboración

Congelar las bananas durante 2 a 3 horas.
En una licuadora, debes mezclar todos los ingredientes: banana, mantequilla de maní, canela, vainilla y yogurt. La banana congelada es lo que le dará la consistencia al mantecado.
Añadir al final los "chocolate chips" y las almendras, si deseas.

MANTECADITOS CON GUAYABA SUGAR FREE

Ingredientes

- 3 tazas de harina de almendras
- 1 pizca de sal (opcional)
- 2 claras de huevo
- 1 huevo entero
- 1 cucharadita de sabor de almendra
- 1 cucharadita polvo para hornear
- Canela al gusto
- 1/4 taza de aceite de coco
- 1 cucharadita de vainilla
- Guayaba (sugar free) cortada en trozos para decorar

Elaboración

Precalentar el horno a 375 grados durante 15 a 20 minutos, dependiendo del horno. Mezclar todos los ingredientes en un envase, todo lo líquido primero y luego los demás ingredientes.

Debemos obtener una masa espesa. Hacer bolitas y poner en un recipiente para hornear. Presiona el centro de cada bolita y coloca por encima pequeños trozos de la guayaba. Luego de hornear, deja enfriar, y... ¡a disfrutar!

AGRADECIMIENTOS

Quiero agradecer primeramente a Dios, quien me dio las fuerzas para seguir adelante y todas las personas que me ayudaron y confiaron en mí. En especial a mi esposo Xavier Torres, quien tuvo que leer el libro más de veinte veces. A Stephanie Li (La Shoppinista), quien fue parte de mi inspiración para hacer realidad este libro. Mi amiga Ana Delia De Iturrundo y su esposo, a Daniel Figueroa por toda su ayuda. Gracias a todos, quienes de alguna forma u otra mostraron su apoyo y me motivaron a seguir con el proyecto.

Agradecida inmensamente,

Made in United States
Orlando, FL
07 June 2022

18567141R00020